WORLD STORIES
ENCYCLOPEDIA

100 HECHOS
INCREÍBLE SOBRE EL
VÓLEIBOL

HISTORIAS Y CURIOSIDADES
SOBRE EL VOLEIBOL
QUE ABSOLUTAMENTE DEBES SABER

PRESENTACIÓN

Este libro forma parte de la serie **WORLD STORIES ENCICLOPEDIA** , un importante proyecto editorial italoamericano especializado en publicaciones para niños y adolescentes, y apto para curiosos de todas las edades.

La collana prevedevarios libros con una fascinante selección de **increíbles historias, hechos y curiosidades sobre voleibol, diversos deportes, animales, naturaleza, ciencia.**

Todo logrado con la ayuda de yla consulenza di **expertos de la industria** para brindar siempre información y contenido de alta calidad.

La cosa ancoraLo más atractivo es que a través de estos libros los niños y adolescentes perfeccionarán sus habilidades cognitivas y lógicas simplemente con divertirse.
¿Qué es más hermoso?

Feliz lectura y que se diviertan amigos.

El nacimiento del juego de manos mágicas.

El voleibol, también conocido como el "juego de las manos mágicas", tiene orígenes fascinantes. En 1895, William G. Morgan, un instructor deportivo de la YMCA de Estados Unidos, quería crear un juego nuevo, atractivo y menos violento que el baloncesto. Así, combinando elementos del baloncesto, béisbol, tenis y balonmano nació el voleibol. Inicialmente llamado "mintonette", el deporte se ha hecho famoso por su versatilidad y participación en equipo.

Su objetivo original era proporcionar una alternativa atractiva a los deportes existentes, con énfasis en la colaboración y la estrategia.

El nombre "voleibol" surgió cuando, en 1896, un observador notó que el juego implicaba "volear" (del verbo inglés "to volley"), es decir, golpear y hacer rebotar la pelota de un lado a otro de la red. Desde entonces, el voleibol ha evolucionado, ha sufrido regulaciones y adaptaciones, ganando popularidad en todo el mundo.

La Diffusione Internazionalede voleibol

El voleibol comenzó a extenderse más allá de las fronteras de Estados Unidos a principios del siglo XX. Su popularidad creció rápidamente, con notable interés en Asia, Europa y Sudamérica.

La entrada de Tokio a los Juegos Olímpicos 1964 amarcó un momento crucial para el deporte y trajo una nueva ola de apreciación internacional. Desde entonces, el voleibol se ha convertido en uno de los deportes más queridos y practicados a nivel mundial.

La afirmación del voleibol femenino

En la década de 1940, el voleibol femenino comenzó a despuntar como una disciplina independiente, ganando cada vez más terreno. En 1952 se organizó en Rusia el primer campeonato mundial de voleibol femenino.

En los años siguientes, el voleibol femenino se desarrolló significativamente y los equipos surgieron como potencias dominantes en la disciplina, creando desafíos apasionantes y contribuyendo a la evolución del deporte.

La voleibolen los Juegos Olímpicos

El voleibol hizo su debut olímpico en 1964 durante los Juegos de Tokio, lo que despertó el interés mundial en este deporte. Desde entonces, el voleibol se ha convertido en una presencia constante en los Juegos Olímpicos de Verano, tanto en su variante cubierta como en su versión de arena, el voleibol de playa.

Los Juegos Olímpicos brindaron el escenario perfecto para mostrar la habilidad, el coraje y la innovación de este emocionante juego.

La evolución de las reglas del voleibol

A lo largo de los años, las reglas del voleibol han sufrido varios cambios para adaptarse a las necesidades del juego y mejorar la experiencia tanto de los jugadores como de los espectadores.

Desde la introducción del sistema de puntuación "rally point" hasta la regulación del contacto con el balón, la evolución de las reglas ha contribuido a hacer del voleibol un deporte aún más dinámico y apasionante.

El voleibol más grande del mundo.

En 2016, aSochi, Rusia, se creó una pelota de voleibol gigante, reconocida como la más grande del mundo. Esta extraordinaria pelota de voleibol tenía un impresionante diámetro de 16 metri.

Su construcción requirió una enorme preparación y esfuerzo, convirtiéndose en un punto de interés y curiosidad para muchos visitantes y aficionados al voleibol. Este proyecto único simboliza no sólo el amor por el deporte, sino también el ingenio y la creatividad humanos para superar los límites convencionales, obviamente no utilizable para jugar al voleibol, pero fue creado como una especie de obra de arte o instalación para atraer la atención y celebrar el deporte del voleibol. .

El encanto de la estrategia y la colaboración

El voleibol es mucho más que un simple deporte; es un intrincado juego de estrategia y colaboración. Cada equipo debe sincronizar movimientos, anticipar las acciones del oponente y aprovechar cada oportunidad para sumar puntos. Esto requiere una comunicación fluida, confianza mutua y una adaptación constante a la dinámica del juego.

La belleza del voleibol radica en su capacidad para enseñar el valor de la colaboración y la empatía.

Los jugadores aprenden a apoyarse unos a otros, compartir éxitos y derrotas y celebrar cada punto como un logro del equipo. Esta mentalidad de equipo es transferible a la vida cotidiana, enseñando la importancia de trabajar juntos para lograr objetivos comunes.

El partido más largo de la historia.

El 6 de enero 1984, a, Ciudad del Cabo, Sudáfrica, jugó el partido de voleibol más largo jamás jugado, ¡durando 23 horas y 30 minutos! Dos equipos formados por jugadores amateurs se enfrentaron en un partido épico que batió todos los récords de resistencia y pasión por este deporte.

Entre breves descansos para refrescarse y momentos de cansancio, los jugadores demostraron una determinación increíble que llamó la atención de los aficionados de todo el mundo. Aquel partido se ha vuelto legendario, no sólo por su duración, sino también por el entusiasmo y la perseverancia de los jugadores.

La pelota más rápida jamás golpeada
El récord mundial de voleibol más rápido jamás alcanzado pertenece a Ivan Zaytsev, un jugador italo-ruso, que registró un saque a una velocidad de 1 132,7 km/hdurante un partido oficial en 2017.

Este momento épico no sólo asombró a la audiencia, sino que también destacó el poder y la precisión que pueden alcanzar los jugadores de élite, transformando una pelota de voleibol en un proyectil increíblemente rápido.

La red más alta jamás utilizada
En 2015, aSiofok, Hungría, se logró una hazaña extraordinaria en el mundo del voleibol: la construcción de la red más alta del mundo, que midió bien 23,2 metri.

Esta imponente estructura ha capturado la imaginación de jugadores y espectadores, transformando la atmósfera de un evento de voleibol en algo espectacular y único.

El mayor número de pases consecutivos.
Durante un partido amistoso en 2016 entre las
selecciones de Eslovenia y Japón, la selección
eslovena realizó una extraordinaria serie de 92
pases consecutivos antes de anotar el punto
de la victoria.

Esta increíble secuencia destacó no sólo la
precisión y coordinación de los jugadores, sino
también su capacidad para mantener la calma
y la concentración durante largas jugadas, un
aspecto crucial en el juego de voleibol.

El estadio de voleibol más grande

Se cree que el Gimnasio Metropolitano de Tokio, ubicado en Tokio, Japón, es el estadio de voleibol más grande del mundo.

Esta impresionante instalación tiene capacidad para más de 10.000 espectadores y fue sede de impresionantes competiciones durante los Juegos Olímpicos de 1964 y 2020, convirtiéndose en el lugar de algunos de los partidos más épicos y memorables de la historia del voleibol.

El mejor jugador de voleibol.

Dmitriy Muserskiy, un alto gigante ruso 2,18 metri, es considerado uno de los mejores jugadores de voleibol de todos los tiempos.

Su impresionante altura y sus extraordinarias habilidades lo han convertido en un pilar de la selección rusa, contribuyendo significativamente a los éxitos del equipo y convirtiéndose en un ejemplo de fuerza y destreza en el mundo del voleibol.

El torneo de voleibol playa más largo

En Holanda se celebra cada año el "Torneo de Voleibol de Playa Dauwpop", ¡un torneo de voleibol de playa que dura 50 horas consecutivas!

Este evento ininterrumpido atrae a jugadores de todo el mundo, mostrando no sólo la pasión por el juego, sino también la resistencia y determinación de quienes participan en este maratón deportivo sobre la arena.

La racha ganadora más larga
El equipo de voleibol masculino de la Unión Soviética estableció un récord notable en el mundo del voleibol, ganando cinco títulos mundiales consecutivos entre 1949 y 1962.

Durante estos años, el equipo ha demostrado un dominio deportivo excepcional, convirtiéndose en un punto de referencia en la historia del voleibol. Este récord sigue siendo uno de los ejemplos más significativos de éxito continuo en el panorama deportivo internacional, especialmente en el campo del voleibol.

Jugador más joven en participar en una competición profesional.

En 2004, Kofi Kufuor, un niño ghanés de 12 años, estableció un récord increíble al convertirse en el jugador más joven en participar en una competición de voleibol profesional.

Su temprana participación llamó la atención sobre él, mostrando el talento excepcional y el potencial que los jóvenes pueden aportar al deporte.

El número récord de espectadores en un partido de voleibol

El 13 de octubre de 2018 se registró el récord de espectadores en un partido de voleibol en Maracanãzinho, Río de Janeiro, Brasil.

La final masculina del Campeonato Mundial FIVB atrajo a más de 20.000 aficionados, creando una atmósfera electrizante que destacó la enorme popularidad del juego en Brasil, uno de los países más apasionados del voleibol en el mundo.

El torneo de voleibol más grande para Guinness World Records

En 2019, inMéxico se organizó el torneo de voleibol más grande del mundo certificado por Guinness World Records.

Más de 3.000 jugadores participaron en esta competición simultánea, estableciendo un nuevo récord mundial y demostrando la enorme popularidad y difusión del voleibol en todo el mundo.

Récord de voleibol en el aire: un evento parala Beneficenza

Durante un evento benéfico en 2018, se estableció un récord impresionante y visualmente espectacular: 2.018 pelotas de voleibol mantenidas en el aire al mismo tiempo. Esta increíble hazaña requirió una organización impecable, una coordinación excepcional del equipo y una planificación precisa.

Además de ser un evento divertido y atractivo, sirvió como una poderosa herramienta para crear conciencia sobre las causas sociales apoyadas por el evento. Este disco demostró cómo el deporte puede utilizarse no sólo como una forma de entretenimiento, sino también como un medio para promover la solidaridad y el compromiso social.

El mayor número de globos consecutivos.
Durante un partido amistoso en 2017, un equipo profesional estableció un récord increíble de 369 globos consecutivos sin dejar caer el balón al suelo.

Esta extraordinaria secuencia no sólo requirió un control excepcional del balón, sino que también destacó la paciencia y determinación de los jugadores para mantener la posesión del balón.

La voleibolen la Luna: una empresa espacial única

La misión Apolo 14 de 1971 hizo historia no sólo por sus logros científicos, sino también por un momento único y divertido: el astronauta estadounidense Alan Shepard se llevó una pelota de voleibol a la Luna. Este gesto simbólico combinó el espíritu deportivo con la grandiosa aventura espacial. Shepard, conocido por su pasión por el golf, jugó al voleibol con un palo hecho en casa, demostrando cómo la diversión y el deporte pueden encontrar un lugar incluso en entornos tan extraordinarios como la superficie lunar.

Este momento, captado en imágenes y video, mostró al mundo la importancia de mantener un sentido de normalidad y recreación, incluso en las situaciones más inesperadas. También destacó el interés humano por el deporte en todos los entornos, incluso en el espacio.

El partido de voleibol de playa más largo: un desafío épico

En 2016, la ciudad de Zadar, Croacia, fue escenario de un hecho memorable en el mundo del voleibol playa: el partido más largo jamás disputado en la historia de este deporte. Este partido, que duró 3 horas y 38 minutos, puso a prueba la resistencia física, la fuerza mental y la determinación de las dos parejas de jugadores. Ante condiciones climáticas adversas, los atletas demostraron un nivel excepcional de resistencia y espíritu competitivo.

Este partido no sólo estableció un récord impresionante, sino que también se convirtió en un símbolo de la tenacidad y pasión que requiere el voleibol de playa. Los espectadores y aficionados presentes presenciaron una verdadera maratón deportiva, combinando la emoción del deporte con la resistencia humana.

La voleibolen el Circuito Universitario Americano

En los Estados Unidos, el voleibol es uno de los deportes universitarios más populares e incluye categorías tanto masculinas como femeninas. El Campeonato de la NCAA (National Collegiate Athletic Association) no es sólo una plataforma para la competición deportiva, sino también una plataforma de lanzamiento para las carreras profesionales de muchos atletas.

Los partidos atraen a multitudes grandes y entusiastas, creando un ambiente competitivo y vibrante. Además, el programa ofrece importantes oportunidades de becas para estudiantes-atletas, ayudándolos a alcanzar metas tanto académicas como deportivas. Muchos de los mayores talentos del voleibol del mundo comenzaron su andadura en este circuito, demostrando la efectividad y el prestigio del campeonato de la NCAA como incubadora de talentos del voleibol.

El partido de voleibol de playa amateur más largo

En 2019, un grupo de entusiastas del voleibol playa establecieron un récord notable al jugar un partido continuo durante 36 horas. Esta tarea requirió una resistencia física y mental excepcional, así como un espíritu de equipo y una determinación notables.

El récord no sólo representa la pasión por el voleibol playa, sino también la capacidad de los individuos para superar sus límites físicos y mentales. Este evento fue un claro ejemplo de cómo el deporte puede llevar a las personas más allá de sus límites percibidos, celebrando la fuerza de voluntad y la alegría de competir.

El voleibol como herramienta para promover la paz

El voleibol se ha utilizado como herramienta para promover la paz y la cooperación entre naciones.

En 1996, después de la guerra civil en Yugoslavia, se organizó un partido de voleibol entre Serbia y Bosnia-Herzegovina como símbolo de reconciliación y unidad, demostrando cómo el deporte puede superar las diferencias y fomentar el entendimiento mutuo.

El mayor número de espectadores en un partido bajo techo

El partido de voleibol bajo techo con mayor número de espectadores se celebró el 13 de noviembre 2016 aen Varsovia, Polonia, durante el partido de campeonato entre PGE Skra Belchatow y ZAKSA Kedzierzyn-Kozle. El evento atrajo a una increíble audiencia de más de 62.000 personas, mostrando la pasión y popularidad del juego en Polonia.

BONIFICACIONES:
El voleibol más grande del mundo.

La pelota de voleibol más grande jamás creada tiene un diámetro de 9 metriy se exhibió en un evento en Italia en 2018. Esta gigantesca pelota atrajo la atención de muchos espectadores y demostró que incluso los objetos deportivos pueden llevarse a dimensiones extremas.

Voleibol a gran altura

En 2014, un grupo de jugadores de voleibol jugó el partido más alto del mundo en la cima del Kilimanjaro, la montaña más alta de África.

A una altitud de más de 5.700 metri, este extraordinario partido no sólo planteó un desafío único, sino que también generó conciencia sobre la caridad y la promoción del deporte en todo el mundo.

El entrenamiento de voleibol más grande del mundo.

El entrenamiento de voleibol más grande del mundo se llevó a cabo en Tainan, Taiwán, con la participación de más de 6.000 personas.2019, a

Este evento contó con jugadores de todas las edades y niveles, promoviendo la importancia del deporte y la actividad física en la vida cotidiana.

El voleibol como herramienta para el empoderamiento femenino

El voleibol ha jugado un papel importante en el empoderamiento de las mujeres. Al proporcionar un escenario para la participación femenina en el deporte, ha ayudado a desafiar y cambiar las percepciones sociales y culturales sobre el papel de la mujer. El deporte ha proporcionado un entorno donde las mujeres pueden expresarse, desarrollar liderazgo y generar confianza.

En particular, el voleibol femenino ha ganado cada vez más visibilidad, destacando el talento y la fuerza de las atletas. Esta visibilidad ha estimulado un mayor interés y apoyo a las mujeres en el deporte, ayudando a desafiar los estereotipos de género y ampliar oportunidades para las futuras generaciones de atletas.

El mayor número de operaciones consecutivas.

Durante un partido del campeonato mundial femenino en 2019, dos equipos establecieron un récord impresionante de 301 peloteos consecutivos antes de anotar el punto ganador. Este evento no sólo ejemplificó la excepcional habilidad técnica de los jugadores, sino que también demostró su increíble resistencia y tenacidad.

La duración y la intensidad de este intercambio captaron la atención del mundo, destacando el alto nivel de competitividad y habilidad en el voleibol femenino. Este momento se ha convertido en un símbolo del inagotable espíritu de lucha y resistencia atlética que caracterizan a este deporte.

Voleibol en la cultura popular

El voleibol ha ganado una posición destacada en la cultura popular. Películas como "Top Gun" presentaron escenas memorables de voleibol, mientras que "The Miracle Season" contó una historia inspiradora basada en eventos reales en el mundo del voleibol femenino.

Incluso en el mundo de la animación, series como "Haikyu!!" tuvieron un gran impacto e inspiraron una ola de interés en el voleibol entre jóvenes y adultos. Estas actuaciones han ayudado a difundir el conocimiento y el aprecio por el deporte, inspirando a una nueva generación de jugadores y aumentando su popularidad a nivel mundial.

El mejor armador del voleibol

Julio Kassick, jugador de voleibol brasileño, estableció un récord extraordinario en 2016, al realizar 73.681 voleas consecutivas en un lapso de 5 horas y 12 minutos. Esta hazaña demostró no sólo una resistencia física excepcional sino también una concentración mental y una coordinación ojo-mano increíbles.

Este récord destaca la importancia de la técnica del regate en el voleibol, una habilidad fundamental que requiere horas de práctica y disciplina dedicadas.

El voleibol como motor de la economía local
Los eventos de voleibol, como los campeonatos nacionales o internacionales, desempeñan un papel importante en la economía local. Estos eventos no sólo atraen a jugadores y aficionados de todo el mundo, sino que también generan un impacto económico significativo. La hostelería, el turismo y la infraestructura local se benefician significativamente de la presencia de este tipo de eventos.

Las ciudades anfitrionas experimentan un aumento del empleo y la actividad empresarial, lo que pone de relieve cómo el deporte puede actuar como catalizador del desarrollo económico y comunitario.

La cancha de voleibol más grande del mundo.
Ubicada en Waupaca, Wisconsin, EE. UU., la
cancha de voleibol más grande del mundo se
extiende por un área impresionante de
aproximadamente 29.000 metri quadrati. Este
espacio fue diseñado específicamente para
albergar torneos de voleibol playa de gran
formato, permitiendo jugar en numerosas
canchas al mismo tiempo.

Su inmensidad le permite albergar a miles de
entusiastas y jugadores, lo que convierte a
este lugar en un destino popular para eventos
de voleibol de playa. La creación de una
cancha tan grande demuestra la popularidad y
expansión del voleibol de playa como
fenómeno deportivo y cultural.

voleibol en el aire

En 1986, durante el vuelo del transbordador espacial Challenger, la astronauta Sharon Christa McAuliffe planeó demostrar la física del voleibol en gravedad cero. Aunque el trágico accidente impidió esta manifestación, la idea misma de jugar voleibol en el espacio capturó la imaginación del público.

La propuesta de McAuliffe destacó la universalidad del voleibol y su capacidad de adaptarse a contextos extremos, como el entorno espacial.

La historia del voleibol carcelario.
En 2012, en la prisión de Cebú, Filipinas, el voleibol se utilizó como medio de rehabilitación y promoción de la paz entre los reclusos. Este proyecto ayudó a reducir las tensiones y crear un sentido de comunidad dentro de la prisión.

El voleibol, en este contexto, brindó una actividad constructiva que fomenta el trabajo en equipo, la disciplina y el respeto mutuo, elementos claves en la rehabilitación de los presos.

voleibol de arena

Introducido en los Juegos Olímpicos en 1996 en Atlanta, EE. UU., el voleibol de arena o voleibol de playa se ha convertido rápidamente en una de las disciplinas más seguidas y populares de los Juegos Olímpicos de verano.

Su inclusión no sólo amplió el alcance del voleibol sino que también aportó al contexto olímpico un espíritu más festivo y libre propio de las playas, contribuyendo a incrementar el interés mundial por el deporte.

Mayor número de participantes en un torneo de voleibol playa

En 2018, un torneo de voleibol playa en Montevideo, Uruguay, estableció un récord con la participación de 1.200 jugadores.

Este evento demostró el enorme atractivo y alcance internacional del voleibol de playa, atrayendo a participantes y espectadores de todo el mundo y mostrando la capacidad del deporte para unir diferentes culturas a través de una pasión compartida por el juego.

El voleibol como herramienta de sensibilización

El voleibol se ha utilizado eficazmente en campañas de sensibilización sobre la salud, como en la lucha contra el cáncer de mama. A través de torneos y eventos especiales, el deporte ha proporcionado una plataforma para generar conciencia y recaudar fondos para causas importantes.

Esto subraya el papel social que puede desempeñar el deporte, no sólo como forma de entretenimiento, sino también como herramienta de cambio y sensibilización.

voleibol para mayores

El voleibol se ha adaptado para involucrar a los adultos mayores, con una variante más ligera y accesible a menudo llamada "voleibol para personas mayores". Esta adaptación permite que las personas mayores participen activamente, manteniendo un nivel adecuado de actividad física y fomentando la interacción social. El voleibol para personas mayores demuestra la adaptabilidad del deporte a diversos niveles de capacidad física y su capacidad para fomentar un estilo de vida activo en todas las edades.

El intercambio más largo entre selecciones

En 2013, durante un partido de voleibol entre Italia y Rusia, los dos equipos establecieron un récord con un intercambio que duró 1 minuto y 38 segundos. Este largo intercambio no sólo destacó la excelente resistencia y capacidad técnica de los jugadores, sino que también destacó la intensidad y el nivel táctico del juego a nivel internacional.

Un intercambio tan prolongado es poco común y demuestra la precisión, determinación y compromiso de los jugadores en la cancha, convirtiéndose en un momento espectacular para los espectadores y un hito en la historia del voleibol.

Voleibol como terapia de grupo

El voleibol se ha utilizado con éxito como herramienta terapéutica en varios entornos. Este deporte de equipo promueve el trabajo en equipo, la comunicación y la confianza, lo que lo hace eficaz para afrontar el malestar emocional y construir redes de apoyo.

Para aquellos que han experimentado experiencias traumáticas o han enfrentado dificultades personales, el voleibol ofrece una manera de reconectarse con los demás, mejorar la autoestima y desarrollar habilidades sociales en un ambiente divertido y sin prejuicios.

Voleibol en lugares insólitos

Además de los tradicionales gimnasios y playas, el voleibol se ha jugado en ambientes inusuales como piscinas (aquavolleyball), desiertos e incluso en aguas poco profundas. Estas variaciones añaden un elemento único de desafío y diversión, poniendo a prueba la adaptabilidad y creatividad de los jugadores.

Jugar en estos entornos inusuales no sólo es divertido, sino que a menudo requiere mayor agilidad, coordinación y estrategia, lo que hace que el juego sea aún más desafiante.

La historia del voleibol.

Las primeras pelotas de voleibol eran sencillas y rudimentarias, fabricadas en cuero con un panel interno de goma. Con el paso del tiempo se ha producido una importante evolución en diseño y materiales.

Los balones de fútbol modernos están hechos de materiales sintéticos avanzados que mejoran la durabilidad, la estabilidad del vuelo y la sensibilidad al tacto. Estos desarrollos tecnológicos han ayudado a mejorar el rendimiento del juego y la experiencia del jugador.

Voleibol como entrenamiento para otros deportes

El voleibol se utiliza frecuentemente como entrenamiento complementario en deportes como el fútbol, el baloncesto y el béisbol. Jugar al voleibol mejora la coordinación ojo-mano, la agilidad, la velocidad y las habilidades de reacción.

Estos elementos son esenciales en muchos deportes, haciendo del voleibol una herramienta de entrenamiento versátil y eficaz. Los atletas pueden beneficiarse de la variedad y los desafíos únicos que presenta el voleibol, ayudando a mejorar su rendimiento general en otros deportes.

El jugador profesional más joven.
Kerri Walsh Jennings es un nombre icónico en el mundo del voleibol de playa. Inició su carrera profesional con tan solo 21 años, demostrando un talento extraordinario que la llevó a convertirse en una de las mejores jugadoras de todos los tiempos.

Al ganar múltiples medallas de oro olímpicas, Walsh Jennings se ha convertido en un símbolo de excelencia en el deporte, inspirando a generaciones de atletas jóvenes. Su carrera inicial destaca la importancia del compromiso y la pasión para lograr la excelencia   deportiva.

El voleibol como deporte universitario popular

En los Estados Unidos, el voleibol es un deporte universitario destacado, practicado tanto por hombres como por mujeres. El Campeonato de la NCAA atrae a los mejores talentos de todo el país y proporciona una plataforma para el desarrollo atlético y la competencia de alto nivel.

Estos campeonatos no sólo sirven como escaparate para futuros profesionales, sino que también ayudan a fortalecer la cultura del voleibol en las universidades, fomentando el espíritu de equipo y la expresión atlética.

El arte de la defensa en el voleibol.
Ser un defensor de alto nivel en el voleibol se considera un verdadero arte. Requiere una combinación de reactividad, velocidad, intuición táctica y capacidad de leer el juego.

Los defensores deben anticipar y neutralizar los ataques contrarios, realizando a menudo paradas espectaculares. Este rol requiere entrenamiento intensivo, precisión y un profundo conocimiento de la estrategia de juego, lo que lo convierte en uno de los aspectos más técnicos y apasionantes del voleibol.

voleibol submarino

Una curiosidad particular y sin precedentes es la aparición del voleibol submarino. Esta variación única combina elementos del voleibol tradicional con los desafíos de estar bajo el agua.

Los jugadores deben moverse y golpear la pelota en una piscina, lo que agrega un nivel de dificultad y requiere habilidades especiales como control de la respiración y movilidad en el agua. Esta innovadora versión del juego demuestra cómo el voleibol se puede adaptar y disfrutar de formas siempre nuevas y creativas.

El voleibol como herramienta educativa.
El voleibol es una herramienta educativa importante en las escuelas de todo el mundo. Al integrar este deporte en el currículo escolar, los estudiantes aprenden el valor del trabajo en equipo, el liderazgo y la comunicación efectiva.

Además de promover la actividad física y un estilo de vida saludable, el voleibol ayuda a los estudiantes a desarrollar habilidades sociales vitales, como la cooperación, la resolución de conflictos y la confianza en uno mismo, que son esenciales para su desarrollo personal y profesional.

Voleibol de gravedad cero

Un aspecto sorprendente y menos conocido del voleibol es su exploración en entornos de gravedad cero. Recientemente, con el creciente interés por el espacio y los viajes espaciales, algunos científicos y astronautas han comenzado a experimentar con el voleibol en condiciones de microgravedad, como las que se encuentran en la Estación Espacial Internacional (ISS).

Esta curiosa versión del voleibol, a veces llamada "Voleibol espacial", presenta desafíos únicos. Sin la gravedad de la Tierra, los jugadores deben adaptarse a un entorno donde los movimientos del balón y los tiros no siguen las trayectorias habituales. El voleibol en gravedad cero requiere una coordinación espacial extraordinaria, agilidad y una comprensión profunda de la dinámica física del movimiento en gravedad cero.

El voleibol como deporte terapéutico en el traumatismo craneoencefálico

El uso del voleibol en la rehabilitación de lesiones cerebrales traumáticas es un ejemplo de cómo se puede adaptar el deporte con fines terapéuticos. Se han utilizado ejercicios que requieren atención a la coordinación y el equilibrio, claves en el voleibol, para ayudar a los pacientes con lesiones en la cabeza.

Esta práctica ayuda a mejorar no sólo la motricidad, sino también la concentración, el tiempo de reacción y la percepción espacial, elementos cruciales en la rehabilitación de este tipo de pacientes.

El voleibol como herramienta de sensibilización sobre el medio ambiente

Eventos como "Voleibol a tu manera", impulsado por la Federación Internacional de Voleibol (FIVB), tienen un doble propósito: promover el deporte del voleibol y crear conciencia sobre cuestiones medioambientales. Estos eventos combinan la práctica del voleibol con iniciativas de sostenibilidad y educación ambiental, incentivando a jugadores y aficionados a tomar conciencia sobre cuestiones ecológicas. Esta estrategia muestra cómo el deporte puede ser un poderoso vehículo para difundir mensajes importantes sobre la protección de nuestro planeta.

Mayor número de medallas olímpicas ganadas

Serginho, exjugador de voleibol brasileño, es reconocido por ganar un total de 4 medallas olímpicas (dos de oro y dos de plata), convirtiéndose en una auténtica leyenda del deporte.

Su extraordinaria habilidad y su contribución a las victorias de la selección brasileña han dejado una huella imborrable en la historia del voleibol. Su carrera fue un ejemplo de dedicación, talento y espíritu de equipo, inspirando a innumerables jóvenes atletas en Brasil y en todo el mundo.

El voleibol como herramienta de inclusión social

El voleibol se ha utilizado eficazmente en programas de inclusión social para involucrar a personas con discapacidades físicas y desafíos sociales. A través de la adaptación de reglas y equipamiento, este deporte se vuelve accesible para todos, ofreciendo oportunidades de participación, diversión e integración.

Este enfoque inclusivo del voleibol demuestra el poder del deporte para unir a las personas independientemente de sus habilidades o antecedentes, promoviendo la diversidad y la igualdad.

El mayor cambio en las reglas.
El cambio más significativo en las reglas del voleibol se produjo en 1998 con la introducción del sistema de puntuación de "puntos de reunión". Este cambio revolucionario permitió que se otorgara un punto por cada jugada, independientemente de qué equipo sacó el balón. Antes de este cambio, los puntos solo los podía anotar el equipo que sacaba.

El punto de reunión aceleró el ritmo del juego, hizo que cada jugada fuera más crucial y aumentó la tensión y la emoción de los partidos. Esta regla tuvo un impacto significativo en la estrategia del juego, enfatizando la importancia de cada intercambio y haciendo el juego más atractivo para jugadores y espectadores.

El voleibol como herramienta para promover la salud mental

El voleibol, como actividad física habitual, ofrece importantes beneficios para la salud mental. El deporte, en general, es reconocido por su capacidad para reducir el estrés y mejorar el estado de ánimo, pero el voleibol añade el elemento de compromiso social que es clave.

El juego en equipo y la interacción social ayudan a crear un sentido de pertenencia y comunidad, lo que puede ser particularmente eficaz para abordar los sentimientos de aislamiento o depresión. El voleibol fomenta el juego colaborativo y la comunicación, que son clave para el bienestar mental y el equilibrio emocional.

El mayor impacto social a través del voleibol
El "Volley All Festival" de la FIVB es una iniciativa global que utiliza el voleibol como herramienta para unir comunidades. A través de eventos y festivales locales, el programa promueve el voleibol como un deporte para todos, independientemente de su edad, género o capacidad.

Estos eventos están diseñados para ser inclusivos y celebrar la diversidad cultural, creando un entorno donde personas de diferentes culturas y orígenes puedan interactuar y compartir su pasión por el voleibol. El festival pone el foco en la importancia del deporte como medio para la mejora social, la cohesión comunitaria y la promoción de un estilo de vida saludable.

El voleibol como deporte paralímpico en crecimiento

El voleibol sentado se ha convertido en un elemento importante de los deportes paralímpicos, llamando la atención por su competitividad y espectacularidad. Este deporte involucra a deportistas con diversas discapacidades físicas, principalmente en las piernas, y se juega en una cancha más pequeña y con una red más baja que el voleibol tradicional.

El voleibol sentado requiere habilidad técnica, coordinación y una fuerte comunicación en equipo, lo que lo convierte no sólo en un deporte desafiante y gratificante para los atletas, sino también en un evento emocionante para los espectadores. Su popularidad crece continuamente, tanto como deporte competitivo como actividad recreativa.

Continúa el torneo de voleibol más largo
En 2018, inTailandia se celebró un torneo de voleibol récord por su extraordinaria duración: 129 horas y 1 minuto. Este evento involucró a jugadores y aficionados en un torneo continuo, día y noche, creando una atmósfera única y emocionante.

El carácter ininterrumpido del evento requirió una impresionante resistencia física y mental por parte de los participantes, así como un considerable compromiso organizativo. Este torneo demostró no sólo el amor y la pasión por el voleibol, sino también la capacidad del deporte para unir a las personas en un desafío colectivo y divertido.

La voleiboly la Innovación Tecnológica del Video Challenge

El voleibol siempre ha abrazado la innovación, como lo demuestra la introducción del video desafío en 1998 durante el Campeonato Mundial Masculino. Este sistema representó un paso revolucionario para el deporte, permitiendo por primera vez impugnar las decisiones arbitrales mediante repetición en vídeo.

La tecnología de desafío de vídeo ha permitido una mayor precisión y equidad en los partidos, reduciendo las disputas y mejorando la integridad del juego. La adopción de esta tecnología ha marcado un cambio importante en la forma de jugar y arbitrar el voleibol, lo que ha supuesto una mejora en la calidad de los partidos y una mayor satisfacción tanto para los jugadores como para los espectadores.

La Prima voleibolde plastico

En 1957, la empresa japonesa Molten introdujo un cambio significativo en el mundo del voleibol: la primera pelota de plástico. Esta innovación ha dado como resultado un balón más resistente y mejor adaptado a las diferentes condiciones de juego, sustituyendo materiales tradicionales como el cuero.

El voleibol de plástico mejoró la uniformidad y previsibilidad del comportamiento de la pelota, influyendo significativamente en cómo se jugaba el juego. La durabilidad y asequibilidad de la pelota de plástico también han ayudado a que el voleibol sea más accesible a un público más amplio, facilitando la expansión del deporte por todo el mundo.

El mayor número de bolas en el aire

En un evento benéfico de 2015, un grupo de jugadores creó un espectáculo visualmente impactante e impresionante al establecer un récord de mayor cantidad de pelotas de voleibol mantenidas en el aire al mismo tiempo. Al mantener 2.357 globos en el aire durante más de 10 segundos, demostraron no sólo coordinación y habilidad, sino también la importancia del trabajo en equipo y la colaboración.

Este evento no sólo estableció un récord mundial, sino que también llamó la atención sobre el poder del deporte para unir a las personas por una causa común, demostrando que el voleibol puede ser más que un simple juego.

La voleibolpara la integración social

En áreas afectadas por conflictos o desastres naturales, el voleibol se ha utilizado como una herramienta eficaz para la integración social y la construcción de comunidades.

Al ofrecer una actividad que requiere colaboración y espíritu de equipo, el voleibol ha ayudado a superar barreras culturales y sociales, creando un espacio donde las personas pueden compartir experiencias positivas y distraerse de las dificultades cotidianas. En estos contextos, el voleibol no es sólo un deporte, sino un medio para promover la unidad, la resiliencia y el apoyo mutuo entre los miembros de la comunidad.

La voleibolcomo vehículo de crecimiento personal

Además de sus cualidades como deporte competitivo, el voleibol suele asociarse con valores fundamentales como el respeto, el compromiso y el trabajo en equipo. Estos aspectos del juego ofrecen a los jugadores valiosas herramientas para el crecimiento personal más allá del deporte en sí.

A través de la práctica del voleibol, los jugadores aprenden la importancia de la colaboración, la comunicación efectiva y el apoyo mutuo, habilidades transferibles que pueden aplicarse en muchos aspectos de la vida diaria. El deporte se convierte así en un medio para desarrollar no sólo habilidades físicas, sino también cualidades personales y sociales que enriquecen la vida de los individuos.

La voleibole Impacto Ambiental

En los últimos años, el voleibol ha comenzado a prestar especial atención al impacto medioambiental del deporte, convirtiéndose en un ejemplo en el ámbito de la sostenibilidad deportiva. Este cambio de perspectiva ha dado lugar a varias iniciativas innovadoras que tienen como objetivo reducir el impacto ecológico de las competiciones y los entrenamientos.

Una de las principales áreas de atención ha sido la producción y el uso de pelotas de voleibol respetuosas con el medio ambiente. Algunas empresas han comenzado a producir pelotas utilizando materiales reciclados o biodegradables, reduciendo significativamente su impacto ambiental. Estas pelotas no sólo mantienen el mismo rendimiento que las pelotas tradicionales de cuero o plástico, sino que también ayudan a reducir la contaminación y la cantidad de residuos.

66

La época dorada del voleibol italiano en los años 90

En la década de 1990, el voleibol italiano vivió una época dorada. La Nazionalemasculino y femenino ha conseguido resultados extraordinarios conquistando títulos mundiales y europeos. La victoria más emblemática se produjo en 1998, cuando la Nazionalelos hombres ganaron el Campeonato Mundial en París, derrotando la Jugoslaviaen una final impresionante. En ese período, jugadores como Andrea Giani, Lorenzo Bernardi y Ferdinando De Giorgi para los hombres y Maurizia Cacciatori, Paola Paggi y Taismary Agüero para las mujeres, encantaron al público y escribieron páginas inolvidables en la historia del voleibol italiano.

La rivalidad de los grandes equipos italianos
En el panorama nacional del voleibol italiano, la rivalidad entre los equipos siempre ha sido acalorada. Dos de las rivalidades más famosas son la entre Módena y Treviso en los años 1990 y la entre Perugia y Civitanova en años más recientes.

Estos enfrentamientos despertaron las emociones de los aficionados, creando partidos espectaculares y un clima de gran tensión deportiva que hizo memorables muchos partidos entre los equipos.

El extraordinario éxito del voleibol femenino de Módena

Volley Femminile Modena fue uno de los clubes más prestigiosos del voleibol italiano. Dominó la escena nacional e internacional en los años 80 y 90, ganando 8 campeonatos italianos y 3 Copas de Europa consecutivas de 1989 a 1991.

Jugadoras como Stefania Belmondo, Ana Flavia Sanglard y Manuela Leggeri han contribuido a escribir páginas imborrables en la historia de este club, trayendo excelencia y gloria a la ciudad emiliana.

El papel de Lorenzo Bernardi en el voleibol italiano

Lorenzo Bernardi, conocido como "Il Leone", fue uno de los mejores jugadores de la historia del voleibol italiano. Influyó no sólo en el juego sino también en el papel del atacante en el voleibol mundial.

Con su potencia, precisión y técnica extraordinaria, Bernardi se convirtió en un icono, contribuyendo significativamente a los éxitos de la selección nacional y de los equipos en los que jugó, incluidos Módena y Treviso.

El triunfo olímpico del voleibol italiano
Italia vivió uno de los momentos más memorables de la historia del voleibol en los Juegos Olímpicos de Atenas 2004.

La NazionaleLa selección masculina, dirigida por el legendario Andrea Giani, ganó la medalla de oro olímpica al derrotar a Brasil en la final, un resultado épico que marcó un hito extraordinario para el voleibol italiano.

El talento atemporal de Ivan Zaytsev

Ivan Zaytsev, hijo del legendario jugador ruso Vyacheslav Zaytsev, se ha convertido en una de las estrellas más brillantes del voleibol italiano.

Gracias a su indiscutible potencia y precisión en sus servicios, Zaytsev fascinó al público italiano e internacional, convirtiéndose en un punto de referencia para la Nazionaley para el club de Módena, dejando huella con su talento atemporal.

La historia pionera del voleibol en España

El voleibol en España cuenta con una historia fascinante marcada por figuras emblemáticas y momentos clave que han contribuido a su desarrollo y popularidad. Aunque no sea el deporte más seguido en comparación con el fútbol o el baloncesto, el voleibol español ha logrado destacar en varias ocasiones a nivel internacional. Uno de los personajes más icónicos en la historia del voleibol español es Rafa Pascual, considerado uno de los mejores jugadores de voleibol de todos los tiempos. Pascual participó en los Juegos Olímpicos de 1992 en Barcelona, donde su actuación destacó enormemente, poniendo al voleibol español en el mapa mundial. Además, el voleibol femenino también ha tenido sus momentos de gloria, como cuando la selección española femenina consiguió una medalla de oro en los Juegos del Mediterráneo en 2005. Este logro fue significativo, ya que demostró la evolución y el fortalecimiento del voleibol femenino en el país. Otro aspecto interesante es el desarrollo del voleibol de playa en España, que ha visto un crecimiento exponencial en las últimas décadas, gracias en parte a la geografía del país que ofrece playas ideales para la práctica de este deporte. Parejas como Pablo Herrera y Adrián Gavira han dejado huella en el circuito internacional, logrando importantes victorias y posicionando a España como una fuerza a tener en cuenta en el voleibol de playa.

Innovaciones tácticas y técnicas en el voleibol español

El voleibol español no solo ha sido reconocido por sus atletas, sino también por sus contribuciones tácticas y técnicas al juego. Entrenadores españoles como Fernando Muñoz han sido pioneros en la implementación de sistemas de juego innovadores y estrategias que han sido estudiadas y adoptadas por equipos de todo el mundo. La capacidad de adaptación y la búsqueda constante de la eficiencia en el juego han caracterizado la formación de técnicos y jugadores en España. Esto se ha traducido en un estilo de juego que, aunque pueda considerarse menos potente en términos de ataque en comparación con potencias mundiales como Brasil o Rusia, destaca por su inteligencia táctica, defensa sólida y precisión en la ejecución. Esta aproximación técnica y táctica al voleibol ha permitido a España competir al más alto nivel, especialmente en competiciones europeas y mundiales donde la estrategia juega un papel crucial.

La importancia de la formación y el desarrollo de talentos

España ha invertido significativamente en la formación y desarrollo de talentos en el voleibol desde una edad temprana. La creación de centros de alto rendimiento y academias específicas para voleibol ha sido fundamental para identificar y nutrir a jóvenes promesas. Estos programas no solo se enfocan en la técnica y táctica del voleibol, sino también en la preparación física, nutricional y psicológica de los atletas. Este enfoque integral ha contribuido a la preparación de jugadores que pueden competir al más alto nivel desde una edad temprana. Ejemplo de ello son los hermanos Villena, Gustavo y Juan, quienes desde jóvenes se destacaron en las categorías inferiores y rápidamente se hicieron un nombre en la escena internacional, representando a España en competiciones de alto nivel.

El impacto social y cultural del voleibol en España

Más allá de los logros deportivos, el voleibol ha tenido un impacto significativo en el tejido social y cultural de España. El deporte ha servido como una herramienta de integración social, promoviendo valores como el trabajo en equipo, el respeto y la superación personal. En regiones específicas de España, el voleibol ha ganado una relevancia particular, convirtiéndose en parte de la identidad local y fomentando la participación comunitaria. Además, el voleibol en España ha sido un vehículo para la promoción de la igualdad de género en el deporte, ofreciendo las mismas oportunidades y visibilidad tanto a equipos masculinos como femeninos. Esta equidad en el tratamiento y promoción ha contribuido a aumentar la popularidad del voleibol femenino, inspirando a generaciones de jóvenes a participar y seguir el deporte.

Desafíos y futuro del voleibol español

A pesar de sus éxitos, el voleibol español enfrenta varios desafíos, como la necesidad de mayor apoyo financiero y mediático para asegurar el desarrollo continuo del deporte. La competencia con deportes más populares en términos de audiencia y patrocinio sigue siendo un obstáculo importante. Sin embargo, la federación española de voleibol y diversas organizaciones están trabajando arduamente para incrementar la visibilidad del voleibol, mejorar las infraestructuras y aumentar la base de aficionados y practicantes. La apuesta por la tecnología y las redes sociales como herramientas para acercar el voleibol a las nuevas generaciones es otra de las estrategias clave para su desarrollo futuro. Con una rica historia, la pasión de sus jugadores y el compromiso de las instituciones, el voleibol en España se prepara para afrontar estos desafíos y seguir creciendo, manteniendo su lugar como uno de los deportes más emocionantes y unificadores en el país.

El origen militar del voleibol español

A diferencia de lo que muchos podrían pensar, el voleibol en España tiene sus raíces en el ámbito militar. Durante el siglo XX, específicamente en los años 40 y 50, fue introducido y promovido por las fuerzas armadas como una forma de mantener a los soldados en forma física y mentalmente activos. Esta particularidad histórica facilitó la expansión del deporte a nivel nacional, ya que las bases militares a menudo organizaban torneos y competiciones, promoviendo así el voleibol entre la población civil. Este inicio peculiar marcó el desarrollo inicial del voleibol español, estableciendo una base sólida de jugadores y aficionados que contribuiría al crecimiento del deporte en décadas posteriores.

La revolución del voleibol playa en España

A principios de los años 90, el voleibol de playa comenzó a ganar popularidad en España, marcando el inicio de una nueva era para el deporte en el país. La combinación de clima favorable, extensas playas y una creciente cultura del ocio al aire libre propició el auge del voleibol de playa. Este fenómeno no solo atrajo a jugadores profesionales sino que también se convirtió en una actividad recreativa popular entre los españoles de todas las edades. Figuras como Elsa Baquerizo y Liliana Fernández se han convertido en íconos del voleibol de playa español, participando en múltiples Juegos Olímpicos y campeonatos mundiales, y elevando el perfil del deporte a nivel internacional. La creación de torneos nacionales e internacionales en ciudades costeras españolas ha contribuido significativamente a este desarrollo, haciendo del voleibol de playa una parte esencial de la identidad deportiva española.

La influencia internacional en el voleibol español

A lo largo de los años, el voleibol español ha sido influenciado significativamente por técnicos y jugadores extranjeros que han aportado nuevas perspectivas y metodologías al deporte nacional. Esta fusión de estilos y estrategias ha enriquecido el voleibol español, elevando el nivel de juego y competitividad. Entrenadores de Italia, Brasil y Rusia, países con una fuerte tradición en voleibol, han liderado equipos españoles, aportando su experiencia y conocimientos. Esta mezcla cultural ha sido particularmente evidente en la Superliga española, donde la presencia de jugadores internacionales ha contribuido a mejorar la calidad del campeonato y a ofrecer un espectáculo más atractivo para los aficionados.

El papel de la tecnología en la evolución del voleibol español

En los últimos años, la tecnología ha jugado un papel crucial en la evolución del voleibol español, tanto en términos de entrenamiento como de análisis de juego. El uso de software avanzado para analizar el rendimiento de los jugadores, técnicas de video para estudiar las tácticas de los equipos rivales y plataformas en línea para la formación de jugadores han transformado la manera en que se preparan los equipos. Además, la implementación de sistemas de revisión de video (VAR) en competiciones nacionales ha mejorado la justicia y transparencia de los partidos. Estos avances tecnológicos han permitido a los equipos españoles competir a un nivel más alto, optimizando el rendimiento de los jugadores y mejorando la estrategia de juego.

El papel de los entrenadores atléticos en el voleibol italiano

Los entrenadores deportivos desempeñan un papel crucial en el mundo del voleibol italiano, contribuyendo a la preparación física y mental de los jugadores. Gracias a programas de entrenamiento personalizados, estos profesionales influyen positivamente en el rendimiento y la resistencia de los deportistas, garantizando altos estándares en el voleibol italiano.

Voleibol Bajo el Cielo Estrellado - Una Experiencia Mágica

El voleibol nocturno, que se juega bajo el cielo estrellado, es una práctica que está ganando popularidad en todo el mundo. Estos partidos suelen tener lugar en playas o parques urbanos, donde las redes y el campo están iluminados por luces artificiales, creando una atmósfera mágica y surrealista.

Estos eventos transforman el voleibol de un deporte principalmente diurno a una experiencia nocturna inmersiva. Los partidos nocturnos ofrecen una nueva dimensión visual y táctica al juego, donde la percepción y reacción a los tiros pueden diferir significativamente en comparación con el juego diurno. Además, estos partidos se convierten en eventos sociales, donde la gente se reúne para disfrutar del deporte en un contexto festivo, a menudo acompañado de música y actividades paralelas.

Voleibol en Ambientes Extremos - Desafíos y Aventuras

Jugar voleibol en ambientes extremos como desiertos y regiones polares es un ejemplo de cómo los aficionados a este deporte buscan continuamente nuevos desafíos y aventuras. Jugar en entornos tan extremos presenta desafíos únicos: por ejemplo, en el desierto, la arena puede estar extremadamente caliente y el terreno irregular, mientras que en la Antártida, las bajas temperaturas y el terreno nevado requieren resistencia y equipo especial.

Estos partidos requieren no sólo una preparación física específica, sino también un fuerte espíritu de aventura y adaptabilidad. Además, jugar en estos entornos extraordinarios ofrece a los participantes la oportunidad de conectarse con la naturaleza y experimentar el juego de formas completamente nuevas y estimulantes.

Voleibol para la Pace- Uniendo Comunidades

En zonas de conflicto o posconflicto, el voleibol se ha utilizado como una herramienta eficaz para promover la paz y la reconciliación. A través de torneos y campos de juego compartidos, personas de diferentes orígenes étnicos, religiosos y políticos se unen, dejando de lado sus diferencias por el bien del deporte. Estos eventos proporcionan una plataforma neutral donde los participantes pueden construir relaciones, mejorar el entendimiento mutuo y trabajar para lograr objetivos comunes. Además de promover la unidad, estos programas de voleibol de paz son herramientas eficaces para ayudar a las personas a superar traumas y tensiones del pasado, proporcionándoles una sensación de normalidad y disfrute.

Voleibol y tecnología inmersiva: un futuro virtual

La evolución de la realidad virtual y aumentada está abriendo nuevas fronteras para el voleibol. Con el uso de cascos de realidad virtual y otras tecnologías inmersivas, los jugadores pueden sumergirse en entornos virtuales que simulan la realidad de jugar voleibol. Estas tecnologías no sólo ofrecen una nueva forma de experimentar el deporte para los aficionados, sino que también son herramientas útiles para entrenar a los deportistas. Los jugadores pueden utilizar estos sistemas para mejorar sus habilidades técnicas y tácticas, analizar sus actuaciones en detalle e incluso simular partidos contra oponentes virtuales. Esta fusión de deporte y tecnología está abriendo caminos inexplorados para la educación, el entrenamiento y el entretenimiento deportivos.

El voleibol como herramienta educativa - Beyond Sport

El voleibol es reconocido como una herramienta educativa eficaz en las instituciones educativas. Este deporte, con énfasis en el trabajo en equipo y la comunicación, ofrece un ambiente ideal para desarrollar habilidades sociales y emocionales. Los profesores y entrenadores utilizan el voleibol para enseñar conceptos importantes como liderazgo, responsabilidad individual y colectiva y respeto por los demás.

A través del juego, los estudiantes aprenden a gestionar la victoria y la derrota, colaborar con sus compañeros de equipo y desarrollar estrategias para superar los desafíos. Estas lecciones van mucho más allá del campo de juego y brindan a los estudiantes lecciones de vida que pueden aplicarse en muchas otras situaciones.

La voleibol Acquatica - Una nueva forma de jugar

Una variación innovadora del voleibol es el voleibol acuático, que se juega en piscinas o ambientes acuáticos naturales. Esta versión del juego combina las reglas tradicionales del voleibol con el desafío añadido de moverse por el agua. El voleibol acuático requiere habilidades únicas como el control del cuerpo en el agua, la capacidad de moverse rápidamente y golpear la pelota mientras flota. Este formato de juego no sólo ofrece una diversión refrescante en los días calurosos, sino que también es un gran ejercicio para mejorar la fuerza y la resistencia muscular, ya que el agua proporciona una resistencia natural.

La voleiboly la inclusión de deportistas con discapacidad

En los últimos años, el voleibol ha logrado avances importantes en la inclusión de deportistas con discapacidad. El voleibol sentado, en particular, se ha convertido en un deporte paralímpico popular. En esta versión del juego, los atletas juegan sentados en el suelo, en un campo pequeño. El voleibol sentado ofrece a los deportistas con diversas discapacidades la oportunidad de competir a un alto nivel, al tiempo que promueve la inclusión y la concienciación sobre las cuestiones de discapacidad. Este deporte enfatiza la habilidad, la estrategia y la fuerza del equipo, lo que demuestra que las limitaciones físicas no son una barrera para la participación deportiva.

Voleibol y estilos de vida saludables

El voleibol se utiliza a menudo como medio para promover estilos de vida activos y saludables en las comunidades. A través de programas escolares, clubes deportivos e iniciativas comunitarias, el deporte enseña la importancia del ejercicio regular y una dieta equilibrada. En muchas escuelas, el voleibol se integra en los programas de educación física para alentar a los estudiantes a mantenerse activos.

Al mismo tiempo, los torneos locales de voleibol y las ligas recreativas ofrecen a personas de todas las edades una forma divertida y social de mantenerse en forma y conectarse con su comunidad.

La voleibol en áreas rurales y de desarrollo

En muchas partes del mundo, especialmente en zonas rurales y en desarrollo, el voleibol es un deporte particularmente popular debido a su simplicidad y bajo costo de equipo. Una red, una pelota y un campo de juego relativamente pequeño es todo lo que necesitas para empezar un partido.

Esta accesibilidad ha hecho del voleibol un deporte ampliamente practicado, que a menudo sirve como una herramienta importante para la cohesión social y la recreación en comunidades con recursos limitados. En algunos casos, el voleibol también se utiliza como medio para transmitir mensajes educativos sobre temas como la salud, la educación y la igualdad de género.

Competiciones Internacionales de Voleibol y su Impacto Cultural

Las competiciones internacionales de voleibol, como los campeonatos mundiales y los Juegos Olímpicos, no son sólo eventos deportivos de alto nivel, sino también momentos importantes de intercambio cultural. Estos eventos reúnen a equipos de diferentes partes del mundo, ofreciendo un escaparate de diferentes culturas y estilos de juego.

Además de la competición, estas oportunidades permiten a jugadores y aficionados interactuar, intercambiar experiencias y apreciar las diferentes tradiciones vinculadas al deporte. Esta exposición internacional también ayuda a difundir la popularidad del voleibol, inspirando a nuevas generaciones de jugadores en todo el mundo.

La voleibolYla Psicologia Sportiva

El voleibol ofrece un campo fértil para la aplicación de la psicología deportiva. La importancia del juego en equipo, la gestión de la presión durante los puntos cruciales y la resiliencia después de errores o derrotas son aspectos clave que los jugadores deben abordar.

Los psicólogos deportivos trabajan con equipos de voleibol para mejorar la cohesión del equipo, la confianza individual y colectiva, y para desarrollar estrategias mentales que ayuden a gestionar la ansiedad competitiva. Estas intervenciones psicológicas no sólo mejoran el rendimiento en el campo, sino que también ayudan a los jugadores a gestionar el estrés y desarrollar un enfoque mental positivo en la vida cotidiana.

La voleibolYla Tecnologia Wearable

La adopción de tecnología portátil en el mundo del voleibol está transformando la forma en que los atletas entrenan y compiten. Se utilizan dispositivos como sensores de movimiento, monitores de frecuencia cardíaca y rastreadores GPS para recopilar datos detallados sobre el desempeño de los jugadores durante las prácticas y partidos.

Esta información permite a los entrenadores personalizar las sesiones de entrenamiento, optimizar las estrategias de juego y prevenir lesiones. La tecnología portátil también proporciona retroalimentación inmediata a los jugadores, permitiéndoles refinar su técnica y mejorar su acondicionamiento de manera más eficiente.

La voleiboly arquitectura del estadio

La arquitectura de los estadios de voleibol es un aspecto crucial que afecta la experiencia de juego y los espectadores. Los estadios modernos se diseñan teniendo en cuenta no sólo la visibilidad y el confort, sino también la atmósfera y la acústica.

Algunos estadios son famosos por su capacidad para crear un ambiente intenso y atractivo, que puede influir en la moral del equipo y el resultado de los partidos. El diseño del estadio también incluye consideraciones de sostenibilidad y accesibilidad, garantizando que sean respetuosos con el medio ambiente y accesibles para todos los aficionados.

La voleibolcomo medio de diplomacia deportiva

El voleibol se ha utilizado como herramienta de diplomacia deportiva, ayudando a construir puentes entre diferentes naciones y culturas. Los partidos internacionales de voleibol, especialmente en contextos donde las relaciones diplomáticas son tensas, han demostrado cómo el deporte puede actuar como un canal de comunicación no verbal.

Estos eventos a menudo facilitan el diálogo y la interacción entre países, promoviendo el entendimiento y el respeto mutuos al compartir un interés común en el deporte.

Innovaciones en la formación de entrenadores de voleibol

La formación de entrenadores de voleibol ha experimentado notables innovaciones en los últimos años. Los programas de certificación ahora incluyen no sólo tácticas y técnicas de juego, sino también módulos sobre nutrición, psicología deportiva y gestión de equipos.

Los entrenadores están capacitados para ser no sólo tácticos sino también mentores, capaces de desarrollar las habilidades de los jugadores tanto dentro como fuera del campo. Además, con la llegada de herramientas en línea y plataformas de aprendizaje, los entrenadores tienen acceso a una amplia gama de recursos y pueden compartir conocimientos y estrategias con colegas de todo el mundo, enriqueciendo el enfoque global del entrenamiento de voleibol.

La voleibolcon un giro inusual: el "voleibol de salón"

Una de las variantes más inusuales y divertidas del voleibol es el llamado "voleibol de salón", que se juega en espacios cerrados y reducidos, como salas de estar u oficinas. Esta peculiar adaptación del juego tradicional nació para divertirse, a menudo utilizando pelotas o globos blandos. El juego requiere gran precisión y control, ya que el espacio reducido y los obstáculos como muebles y candelabros añaden un nivel de complejidad.

El voleibol salón se convierte en un juego de habilidad y risas, demostrando que este deporte se puede adaptar y disfrutar en cualquier entorno.

La voleibol"Ghost": un desafío de concentración

Un ejercicio divertido y único adoptado por algunos entrenadores de voleibol es el llamado "voleibol fantasma". En esta versión, los jugadores tienen que imitar el juego de voleibol sin utilizar una pelota real. Este ejercicio ayuda a desarrollar la concentración, la comunicación y la imaginación de los jugadores, ya que tienen que imaginar la trayectoria y el momento del balón.

También es una excelente manera de calentarse y reír juntos, ya que las acciones sin balón pueden parecer cómicas a los espectadores.

El juego del "Rey de la Playa" en Voleibol
En el voleibol de playa existe una variante lúdica conocida como "Rey de la Playa" (o "Reina de la Playa" para los juegos femeninos). En este juego, los participantes compiten en un formato uno a uno, y el ganador permanece en el campo para enfrentarse al siguiente retador.

Este juego es especialmente popular durante las sesiones de entrenamiento informales o como actividad recreativa entre amigos. Proporciona una excelente oportunidad para mejorar las habilidades individuales y la resistencia, manteniendo al mismo tiempo un entorno divertido y competitivo.

La voleibolcomo "Cosplay" deportivo

Una tendencia divertida y extraña que se ha desarrollado en algunos eventos de voleibol amateur es el llamado "voleibol cosplay", donde los jugadores participan vistiendo disfraces inspirados en personajes de películas, series de televisión o anime. Estos eventos combinan la pasión por el deporte y la cultura pop, creando un ambiente festivo y colorido.

Además de jugar voleibol, los participantes pueden disfrutar de las interpretaciones de los personajes de los demás y estos eventos a menudo también incluyen concursos de disfraces y actividades de entretenimiento. La práctica del "cosplay de voleibol" demuestra cómo el voleibol puede ser un vehículo para la expresión creativa y la diversión colectiva.

Made in United States
Orlando, FL
23 November 2024